학교에서 가르쳐주지 않지만
잘 살기 위해
꼭 알아야 할 것들

리더십

Original Japanese title: GROUP NO LEADER NI NARU 7 TSU NO HOUHOU
Copyright © 2020 Mikinari Higano, Noba Kiritani, 303BOOKS
Original Japanese edition published by KAWADE SHOBO SHINSHA Ltd. Publishers
Korean translation rights arranged with KAWADE SHOBO SHINSHA Ltd. Publishers
through The English Agency (Japan) Ltd. and Danny Hong Agency

이 책의 한국어판 저작권은 대니홍 에이전시를 통한 저작권사와의 독점 계약으로
(주)도서출판 길벗에 있습니다. 저작권법에 의해 한국 내에서 보호를 받는 저작물이므로
무단전재와 복제를 금합니다.

학교에서 가르쳐주지 않지만
잘 살기 위해 꼭 알아야 할 것들

리더십

기리타니 노바 글그림 | 히가노 미키나리 감수 | 오현숙 옮김

길벗

잠깐 기다려봐!
올해는 중학교 마지막 해니까 난 반드시 우승하고 싶은데
배구부 주장 쓰바사
진짜 미키타가 해도 괜찮을까?
으응-
그럼 쓰바사도 응원단 하면 되겠네!
뭐?!
잠깐! 왜 그래야 하는데?
괜찮잖아! 미키타 관리자 해줘야지
그럼 미키타로 결정됐고! 나머지 3명은?
최악이야…

차례

프롤로그 누구든 리더가 될 수 있다? ········· 2

Chapter 1 리더는 존경할 수 있는 사람? ········· 18
주어진 힘에 의존하지 않는 리더십 ········· 26

Chapter 2 목표가 없으면 싸울 수 없을까? ········· 30
목표 설정에 필요한 단계 ········· 36

Chapter 3 역할이 있어야 의욕도 생긴다 ········· 46
역할이 있으면 행동하기 쉽다 ········· 52

Chapter 4 친구란 참 좋구나! ········· 60
친구를 돕고 자신도 도움을 받는다 ········· 66

Chapter 5 내가 움직이면 모두 변한다 ········· 72
스스로 움직여 행동으로 보여준다 ········· 82

Chapter 6 리더는 칭찬을 통해 발전을 이끌어낸다 ········· 86
피드백을 해야 하는 이유 ········· 96

Chapter 7 문제를 개선하라! ········· 102
피드백을 토대로 개선책을 생각한다 ········· 110

에필로그 새로운 목표와 새로운 리더들 ········· 116

등장인물

아이다 쓰바사

이토 미키타

구세주 오사무

미키타와 같은 반 친구로 배구부 주장. 지는 걸 싫어하고 무엇이든 거리낌 없이 말한다. 고민하는 미키타에게 냉정하게 대하지만 함께 응원단을 이끌어 나간다.

이 책의 주인공으로 중학교 3학년. 의욕은 넘치지만 늘 제자리걸음이다. 중학교 마지막 체육대회를 앞두고 응원단장에 입후보했다. 이상적인 리더를 지향하지만 주위 사람들을 끌어모으지 못해 고민이 많다.

미키타가 다니는 중학교의 환경미화원. 청소나 학교 행사 준비를 하면서 미키타를 지켜준다. 늘 고민하는 미키타 옆에서 적절한 조언을 해주는 거로 봐선 단순한 환경미화원은 아닌 듯하다.

Chapter 1 리더는 존경할 수 있는 사람?

네가 바뀌면 모두 바뀔 거야!

불끈

다들 내 말 좀 들어줘!

뭐,
나도 그런 적이 있어서
너의 기분을
모르는 것도 아냐
구세주 아저씨도요?
있잖아,
미키타!
빈 선수도
처음부터
존경받는
주장이었을까?
그건 모르겠지만
주장이니까
존경받는 거
아닐까요?
그렇지
않아

주어진 힘에 의존하지 않는 리더십

'리더십'이라는 말을 들었을 때 어떤 이미지가 떠오르나요? 지금까지의 리더십과 미래의 리더십은 상당히 다를 거예요. 구세주 아저씨에게 함께 배워 봅시다.

앞으로는 주어진 힘에 의존하지 않는 리더십이 필요해질 것

알겠니, 미키타? 리더십이란 '어떤 성과를 내기 위해 다른 사람에게 영향을 주는 것'을 말해. 지금까지는 권한이 있는 극소수의 사람들만 리더십을 발휘해왔어. 하지만 앞으로의 시대는 달라질 거야.

권한이 있는 사람이라면, 예를 들어 왕이나 회사의 사장님같이 권위 있는 사람들을 말하는 건가요? 앞으로는 어떻게 달라지나요?

구성원 한 사람 한 사람에게 리더십이 요구되는 시대가 될 거야. 그룹의 구성원이 번갈아가며 리더십을 발휘하는 게 매우 중요해지지.

모두가 리더십을 발휘한다는 건가요? 그렇다면 권한이 없는 저도 좋은 응원단장이 될 수 있다는 얘긴가요?

물론이지.

리더십이란?

리더십은 '어떤 성과를 내기 위해 다른 사람에게 영향을 주는 것'을 말합니다. 즉, 손에 넣고 싶은 혹은 실현하고 싶은 성과(목표)를 달성하기 위해 주위 사람들을 끌어들이거나 사람들에게 부탁하는 등 영향을 주는 일을 말하지요.

지금까지의 리더십
주어진 힘에 의존하는 리더십

- 그룹의 리더나 카리스마 있는 사람만 발휘
- 끌어당긴다 · 끌어모은다
- 한 사람이 발휘
- 타고난 것

학생회 선거에서 뽑힌 학생회장이나 스포츠에 재능이 있는 사람 등 특별한 사람만 리더십을 발휘했습니다. 옛날로 치면 왕이나 돈 많은 부자 등이죠. 그러나 사람은 다른 사람을 위해 쉽게 움직이지 않습니다. 이런 이유로 주위 사람이 인정하는 권한을 가진 사람이 명령을 해서 그룹을 움직였습니다.

미래의 리더십
주어진 힘에 의존하지 않는 리더십

- 모든 구성원이 발휘
- 목적 달성을 위해 다른 구성원에게 영향을 주는 모든 행동
- 모두 함께 연동하면서 발휘
- 학습할 수 있다

특정한 한 명이 아니라 그룹에 참여하는 모든 사람이 권한을 갖지 않은 채 리더십을 발휘합니다. 모두 번갈아가며 그룹을 움직이는 역할을 맡지요. 각각 자신이 무엇을 잘할 수 있는지 자각하고 스스로 행동합니다. 다시 말해 모든 사람이 자율적이고 주체적으로 움직이지요.

지금의 리더십 형태로는 세상의 변화에 대응할 수 없다

전 세계적으로 변화의 속도가 빨라지고 있습니다. 고정된 팀이 오랜시간 함께 일하던 형태를 벗어나 프로젝트 단위로 팀을 구성해 일하고 흩어지는 회사가 늘고 있습니다. 그렇기 때문에 상황에 맞춰 변화에 민감하게 반응하고 재빠르게 대응하는 능력이 필요합니다. 따라서 지금까지의 리더십처럼 정상에 있는 리더 한 명이 다양한 종류의 변화에 대응하는 건 어렵겠지요?

제가…

할 수 있을까요?

"리더와 보스의 차이는
리더의 일은 공개되어 있지만,
보스의 일은 감춰져 있다.
보스는 일을 밀어붙이지만
리더는 이끈다."

미국의 시어도어 루스벨트
대통령이 한 말이야

Chapter 2 목표가 없으면 싸울 수 없을까?

쓰바사! 부탁이 있어

뭔데?

네가 부단장이 되어줘

싫어!

단호

바로 싫다니!

뜨악~

눈치!

목표 설정에 필요한 단계

리더십을 발휘하려면
어떤 목표를 설정하느냐가 가장 중요해요.
모두의 마음을 하나로 모을 수 있는 목표를 정해야
리더십을 제대로 발휘할 수 있거든요.

모두 납득할 수 있는 목표를 정해야 하는 이유

미키타! 그룹의 모든 구성원이 같은 이미지를 떠올릴 수 있는 목표라는 게 어떤 건지 알겠니?

음~ 그러니까, 같은 이미지를 떠올리려면 구체적이고 알기 쉬운 목표가 좋다는 말인가요?

맞아. "난 이렇게 생각했어", "난 이런 거라고 생각했는데"라며 구성원 모두 각자 다른 해석을 한다면 마음을 하나로 모을 수 없어. 그러면 결국 각자 다른 방향으로 가게 되거든. 그리고 또 한 가지 중요한 게 있어.

그게 뭔데요?

모든 구성원이 '납득할 수 있는 목표'를 설정해야 해. 알기 쉬운 목표라 할지라도 일부만 열성적이고 다른 구성원들은 따라오지 않는다면 의미가 없겠지?

명확하고 납득할 수 있는 목표로 정한다

명확하고 모든 구성원이 납득할 수 있는 목표를 설정하는 것이 무엇보다 중요합니다. 그렇지 않으면 일부만 열성적이고 다른 구성원들은 따라오지 않을 수 있거든요. 자, 그럼 다음과 같은 상황에서 어떻게 목표를 정하면 좋을지 생각해봅시다.

사례 ❶ 모두 해야 한다고 느끼면서 하지 않을 때

지각하는 사람이 많아지면서 구성원 모두 어렴풋이 '뭔가 대책을 세워야겠다'고 느낀다면 지금이 기회입니다. '지각을 없애자'라는 목표를 정함과 동시에 더 큰 목표를 확인할 수 있습니다.

사례 ❷ 툭하면 불평을 늘어놓는 사람이 있다면

불평을 늘어놓는 사람이 있다면 그 사람의 의견에 귀를 기울여보세요. 불만 중에 과제나 목표가 될 만한 게 있을 수 있습니다. 게다가 불평하던 사람도 자신의 의견이 채택되면 불평을 하지 않게 돼 구성원이 쉽게 뭉칠 수 있답니다.

사례 ❸ 리더에게 도와줄 건 없는지 물어보면서

예를 들어 동아리 활동을 하고 있다면 선배에게 도울 일이 없는지 물어보세요. 그렇게 하면 자신이 몰랐던 동아리의 과제가 보이고, 그 문제를 해결하면서 목표가 정해질 수 있습니다.

목표를 공유하고
실현하기 위한 계획을 세운다

목표가 정해지면 그다음에는 파트너의 존재가 중요해. 미키타의 파트너는 쓰바사지? 부단장이라는 직책은 중요하지 않아. 우선 둘이 함께 시작하는 게 포인트야.

으악!

쓰바사가 파트너?
파트너라는 게 짝을 말하는 건가요?

맞아. 우선 파트너와 함께 행동하는 게 중요해. 예를 들어 기악부가 '도대회 우승'이란 목표를 정했다고 가정해보자. 그런데 부원 수가 많으면 많을수록 모두와 목표를 공유하기 어렵겠지? 그래서 일단 파트너와 둘이서 자율연습을 하는 거야. 그 모습을 본 같은 파트의 멤버들은 연습할 마음이 생겨 동참하기 시작할 거고, 그러다 보면 최종적으로 모두와 목표를 공유할 수 있게 돼. 그래서 우선 행동하라고 하는 거야. 모두와 목표를 공유하고 나면 그다음은 실현하기 위한 행동 계획을 세워야 해.

목표는 상황에 따라 달라질 수 있다

한 번 정한 목표는 바꾸면 안 된다고 생각할 수 있습니다. 하지만 그렇지 않아요. 예를 들어 목표가 '도대회 우승'인데 전국대회까지 진출하게 되었다면 '전국대회 우승'으로 바꾸면 됩니다. 주위 상황을 보며 정한 목표가 최선인지 아닌지 계속 점검해보세요.

적은 인원으로 작은 성공을 먼저 쌓는다

우선 둘이서

다음은 소그룹으로

마지막은 모두 함께

우선 파트너와 둘이서 작은 성공을 쌓아보세요. 그렇게 하나둘 쌓아가다 보면 마지막에는 모두의 성공으로 이어집니다.

실현하기 위한 행동 계획을 세운다

모든 구성원과 목표를 공유했다면 행동 계획을 세워보세요. 지금 있는 과제를 모두 나열한 뒤 그 과제를 수행하기 위해 무엇을 해야 할지 하나씩 행동 계획을 세우는 겁니다. 해야 할 일 목록을 정리해 언제든지 확인할 수 있도록 해보세요.

Chapter 3 역할이 있어야 의욕도 생긴다

뭐부터 해야 할지 모르겠어요. 딱 정해지지 않으니까 진척도 없고요…
미키타가 확실히 하지 않으니까…
너도 양보 안 하잖아!
…
하나 물어볼게
다른 세 명에게 역할은 맡겼어?
다른 세 사람은 전혀 자신의 의견을 말하지 못하는 것 같던데
그, 그러고 보니…
역할을 정하지 않았어요…
자신이 맡은 역할이 없으면 나서기가 좀 그래
그러면 의견을 말하지 못할 수 있어. 뭘 해야 좋을지 모른 채 우두커니 자리만 지키게 되지
역할… 그러네!

역할이 있으면 **행동**하기 쉽다

그룹 활동을 할 때 역할을 맡으면
의욕이 생기고 책임감이 강해집니다.
모든 구성원에게 역할을 분담해보세요.
모두 리더십을 발휘하게 될 거예요.

구성원에게 역할을 분담하자

미키타, 백군 우승을 위해 해야 할 일은 아주 많아. 그걸 전부 혼자 하려고 하지 말고 구성원들에게 각각 역할을 분담하는 게 어때?

네, 다른 세 명에게 부탁해야겠어요.

역할 분담은 자신의 책임을 줄이기 위해서 하는 게 아니야. 한 사람 한 사람이 역할을 맡으면 각자 자신의 역할을 수행하기 위해 무엇을 하면 좋을지 생각하고 행동하게 되거든. 그러면 모두가 리더십을 발휘하기 쉬워져.

아까 이야기했던 '주어진 힘에 의존하지 않는 리더십'이라는 거군요?

주어진 힘에 의존하지 않는 리더십? 그런 게 있어?

역할이 없다면 어떨까?

구경만 한다

소극적으로 행동한다

남의 눈을 의식한다

역할이 있는 사람만 신이 나서 하고, 나머지 사람은 '내 일'이라는 의식이 희박해져요. '시키니까 어쩔 수 없이 한다'는 생각이 강하게 들지요.

'누군가 하겠지', '나하고는 상관없다'라고 생각하는 소극적인 사람은 점점 무관심해지기 쉽습니다.

'착한 척한다고 생각하지 않을까?', '주제넘게 참견한다고 생각하지 않을까' 등과 같이 생각하며 행동을 주저하는 사람도 생깁니다.

역할이 있다면 어떨까?

역할을 맡으면 '내가 해야 해'라는 자각이 생겨 책임감을 갖고 행동하게 됩니다.

잘하는 사람에게 역할을 맡기는 것이 중요하다

일상생활을 통해 구성원의 성격, 잘하는 것, 교우관계 등에 관심을 가져보세요. 구성원 각각에 대해 아는 게 많으면 역할 분담이 더욱더 쉬워집니다. '이 역할은 이 사람에게 맞겠어'라고 바로 떠오르게 되니까요. 물론 역할을 맡은 사람도 자신이 잘하는 분야이기 때문에 그 역할에서 활약하기 쉽습니다.

친구들이 행동하기 쉽게 돕는 일도 중요하다

이번에 미키타는 역할을 정하는 입장이었지만, 정하는 입장이 아닌 경우에도 해야 할 중요한 일이 있어. 구성원들보다 앞장서서 행동하고, 친구들이 행동하기 쉽게 도와주는 일이야.

정하는 입장이 아닌 경우라면 지금의 저도 할 수 있다는 말인가요?

맞아. 쓰바사는 이번에 부단장이라는 역할을 미리 맡았지만, "부단장 하고 싶은 사람?"이라고 물었을 때 "내가 할게"라고 자진해서 말하는 거야. 그러면 다른 친구들도 "그럼 난 이거 할게"라고 말하기 쉽거든.

오~ 그렇겠네요.
그럼 그룹의 분위기도 좋아질 것 같은데요?

또 "이 친구는 이걸 잘하니까, 이 역할에 맞을 것 같아"라고 추천하는 것도 중요해. 친구가 행동하기 쉽게 도울 수 있거든.

어른이 되어서도 도움이 된다 ①

대학, 아르바이트하는 곳, 직장 등 어떤 장소에서든 역할 분담은 매우 중요합니다. 그때 "제가 하겠습니다", "이 사람이 적합하다고 생각합니다"라고 말하면 그룹의 분위기가 좋아지고 목표에 더 가까이 갈 수 있습니다. 꼭 기억해 두세요.

'내가 할게'라고 말한다

'한번 해볼까?'라고 생각해도 '내가 하겠다'고 말하는 것에 부담을 느끼는 사람이 많습니다. 자진하는 행동으로 돌파구를 여는 역할을 하면 이어서 다음 사람도 자진하는 행동을 하기 쉽습니다.

'저 친구가 적합하다'고 추천한다

'내가 하고 싶다'라고 먼저 말하는 건 어렵습니다. 스스로 자신이 적임자라고 깨닫지 못하는 경우도 있죠. 이럴 땐 주위 친구가 그 사람이 잘 하는 일을 파악해 추천하는 것도 중요합니다.

역할을 꼼꼼하게 점검하자

전체 상황을 두루 살피면서 구성원들이 어려움을 겪고 있지 않은지, 할 일이 없어지진 않았는지 등 꼼꼼하게 상황을 확인해야 합니다. 잘 안 되는 점이나 곤란한 부분이 있으면 역할을 재검토하는 일도 필요해요.

훌륭한 사람도 그렇게 하는구나!

그건 그렇고, 여긴 처음 와봤어요!

안 돼!

보지마 보지마~

에이~

왜요!

자자, 다음 수업 시간에 늦겠다!

네~

작년 릴레이에서 넘어지고 말았지만, 그때 내 눈에 들어온 응원기와 모두의 응원에 힘을 얻었거든!
그러니까 릴레이에서 코너를 돌 때라든지 줄다리기에서 막상막하의 공방전을 펼칠 때
눈에 들어오면 용기와 힘이 마구 솟구치는 그런 응원기였으면 좋겠어
나… 이번에는
기필코 너희와 함께 우승하고 싶어!
단장…
그럼 멀리에서 보더라도 한눈에 친구들의 메시지가 전해지는 디자인이 좋겠네?
그렇다면 심플한 디자인이 좋을 것 같은데?
맞다!
깃발이 흰색이니까 그 흰색을 활용해서 일러스트가 눈에 띄도록 두껍게 테두리를 둘러볼까?
그러면 일러스트에 임팩트를 줄 수 있을 것 같아! 문제는 어떤 일러스트를 넣느냐인데…

이미지를 좀 더
구체화해보자!

단장은 왜 우승을
목표로 정했어?

쓰바사가 부단장이
된 것도 놀랐지, 뭐야!

그렇지?

백군

나?

백군

백군
이겨라!

작년에 진 게
너무 분했거든

그래서 올해는 기필코
이겨야겠다고 생각했어!

나,
나밖에?!

깜짝

그때 쓰바사도
우승하고 싶다고 하더라고

같은 목표를 가진 아이는
쓰바사밖에 없다고 생각했어

화끈

!?

왜 그래?
쓰바사!

단장의 마음이 이미지로 떠오르기 시작했어!

우리도 단장이 이끄는 백군이 꼭 우승했으면 좋겠어!

물론!!

다 함께…

대담하게 흰색 깃발에 모두의 "좋아요"를 모아놓은 느낌으로 하는 건 어때?

'좋아요' 받으면 기분 좋잖아?

비―장

뭐야, 그거! 정말 재밌잖아!

눈에도 확 띌 것 같아!

진짜 멋있겠는데!!

친구를 돕고 자신도 도움을 받는다

하나의 목표를 향해 나아갈 때는 적극적으로 친구들을 도와야 작업이 잘 진행되어 목표에 가까워지고 팀 분위기도 좋아집니다. 반대로 자신도 친구들의 도움을 받아들이는 자세가 필요하죠.

적극적으로 친구를 돕자

미키타가 적극적으로 미술반 친구들을 도와주면서 어떤 일이 생겼는지 알겠어?

좀처럼 정해지지 않던 응원기의 이미지가 정해졌어요.

맞아. 그건 '백군 우승'이라는 목표에 가까워졌다는 얘기겠지?

헤헷~ 도움이 돼서 다행이에요.

그뿐만이 아니야. 자! 미술반 분위기를 봐봐. 조금 전까지는 엄청 침체된 분위기였는데 모두 표정이 밝아져서 신나게 응원기를 만들고 있잖아. 너의 행동으로 인해 그룹이 더욱더 단단하게 뭉치게 된 거야. 정말 훌륭해!

'자신의 역할만 확실하게 하면 된다'는 생각을 버리자

자신의 역할을 확실히 수행했다고 해서 다른 구성원들이 어려움에 처해 있는 걸 보고도 못 본 체하며 지나치는 건 좋지 않습니다. 작업이 늦어져 목표에서 멀어질 뿐만 아니라 그룹의 분위기도 나빠지기 때문이죠.

서로 도와야 목표에 가까워지고 팀의 사기도 오른다

진행이 잘 안 되는 구성원, 어려움에 부딪혀 곤란해하는 구성원이 있으면 적극적으로 도와주세요. 작업이 순조롭게 진행되어야 목표에 가까워지고 그룹의 사기도 오른답니다.

자신도 친구들의 도움을 받자

 구성원들을 적극적으로 돕는 것이 중요하다는 건 금방 이해할 수 있을 거야. 하지만 도움을 받는 것 또한 굉장히 중요해.

도움을 받는 건 사실 좀 부담스러워요. 모두 바쁜데 도움을 요청하는 게 미안해서요. 그래서 될 수 있으면 혼자 힘으로 해야겠다고 생각하죠.

 어릴 때부터 '남에게 폐를 끼치면 안 된다'는 교육을 받고 자란 친구들이 많으니까. 하지만 결국 자신이 맡은 일을 끝내지 못해 목표에서 멀어지거나, 무리해서 미키타가 힘을 낼 수 없거나, 감기로 몸져눕는다면 어떨 것 같아? 그야말로 폐가 되지 않을까?

음… 그건 곤란하겠네요.

 그렇겠지? 그래서 적극적으로 도움을 받는 것도 중요해. 도움받는 게 부담스럽더라도 한 번만 도움을 받아봐. 몇 번 반복하다 보면 의외로 익숙해지거든.

어른이 되어서도 도움이 된다 ②

사회에 나가면 그룹 형태로 일을 진행하는 경우가 많습니다. 그때 누군가를 돕고, 누군가에게 도움을 받는 것에 익숙해져 있다면 분명 큰 도움이 될 거예요. 업무도 인간관계도 더욱 좋아질 수 있기 때문에 지금부터 돕고 도움을 받는 것에 익숙해지도록 노력해보세요.

도움을 받지 않고 혼자 무리하면

주위 사람에게 도움을 받으면 금방 끝날 일을 무리하게 거절해서 끝내지 못하면 목표에서 멀어집니다. 몸과 마음이 지치고 힘들 뿐 아니라 그룹에도 마이너스가 되지요.

도움을 잘 받아들이지 못하는 이유는 뭘까?

미안하다는 생각

'남에게 폐를 끼치고 싶지 않다'는 생각이 강해 도움을 거절하는 사람이 있습니다. 하지만 결과적으로 폐를 끼치기 전에 도움을 받는 쪽이 현명한 선택이라고 할 수 있어요.

패배한 것처럼 느껴지는 마음

'남에게 도움을 받는 건 패배하는 것'이라는 생각에 완강하게 거절하는 사람도 있어요. 하지만 도움받는 것에 이기고 지는 것은 없습니다. 필요할 때는 도움을 받는 것이 좋습니다.

도움받는 게 부담스러운 사람도 한 번만 도움을 받아본다

한 번 도움을 받아보면 부담감이 꽤 옅어집니다. 그 후에도 반복해서 도움을 받아야 부담감이 사라지게 됩니다. 익숙해지는 것이 중요해요.

대단해!!

백눈 좋아요~

정말 멋져!

이거 엄청 좋아!

이거야말로 '좋아요'야

미키타! 뭐야, 그게~

아하하

오~ 좀 하는걸? 멋진 응원기네

중국의 시인
이백의 말이
생각나는군

"고난과 불행이
찾아올 때 비로소
친구가 친구임을 안다.
행복한 날에만
지속하는 우정이
무슨 소용이 있겠는가!"

나도
저 시기에
알았지

친구란
참 좋은 거야

그렇지?
미키타?

후훗

Chapter 5 내가 움직이면 모두 변한다

어제 태풍으로 운동장 창고가 붕괴됐다

선생님

3 - 4

헉

오늘 아침에 가봤는데 상태가 아주 좋지 않아

구세주 씨가 열심히 치우고 있지만 도저히 혼자선 힘에 부치는 일이라

4반 담임 선생님

선생님도 물론 도우러 가겠지만

체육부장이랑 미화부장 그리고 시간 나는 사람은 도와줬으면 해

아…
네

…
…

백군 이겨라! 백군 이겨라! 백군 이겨라! 백군 이겨라!

이거 봐!

만국기가…
이 상태로 들어 있었어.

완전히 찢어졌네~

이거… 괜찮을까요? 선생님?

아… 몇 년을 썼더니 많이 낡았네
내가 부임하기 전부터 있었으니까 10년 정도 됐나?

어쩌죠? 선생님

선생님! 저희가 고쳐볼게요

다들 늦게까지 고생하네!

위원장이랑 수예부원 모두!

너희들한테만 맡겨서 미안해

우리도 도울게!

스스로 움직여 행동으로 보여준다

주어진 힘에 의존하지 않는 리더십은
주어진 권한으로 명령을 해서 모두를 움직이게 하는
리더십과 달라요. 먼저 솔선수범하는 모습을
모든 구성원에게 보여줌으로써
모두 행동하게 만드니까요.

리더십은 행동으로 보여주는 것이 중요하다

'백군 우승'이라는 목표도 중요하지만, 체육대회가 순탄하게 진행될 수 있도록 미키타는 솔선수범해서 창고 청소와 도구를 수리해줬어. 미키타가 먼저 행동으로 보여줌으로써 모두 자진해서 도와준 거야.

네, 제가 부탁한 것도 아닌데 모두 자진해서 도와주러 왔어요.

그거야말로 진정으로 '주어진 힘에 의존하지 않는 리더십을 발휘했다'고 할 수 있어. 주어진 힘에 의존하지 않는 리더십은 세 가지 요소가 필요한데, 그중 하나가 '스스로 행동해서 모두에게 보여주는 것'이거든.

어렴풋하긴 하지만 '주어진 힘에 의존하지 않는 리더십'을 이해할 수 있게 된 것 같아요. 고마워요. 구세주 아저씨!

점점 리더다워지고 있구나! (웃음)

행동하는 리더십이란?

지금까지의 형태
주어진 힘에 의존하는 리더십

앞으로의 형태
주어진 힘에 의존하지 않는 리더십

자신은 움직이지 않고 주위 사람들에게 명령을 해서 움직이게 하는 리더십입니다. 사람을 움직이게 하는 것은 쉬운 일이 아니기 때문에 명령하는 사람에게 권한이 필요했습니다.

스스로 먼저 행동함으로써 '자신은 목표를 달성하기 위해 진심으로 움직일 각오가 되어 있다'는 것을 주위 사람들에게 보여주는 리더십입니다.

주어진 힘에 의존하지 않는 리더십에 필요한 세 가지 요소

❶ 목표를 정해 모든 구성원과 공유할 것
❷ 스스로 행동해 모두에게 보여줄 것
❸ 다른 사람이 움직일 수 있는 상태를 만들 것

누구든 이 세 가지 기술을 익히면 주어진 힘에 의존하지 않는 리더십을 발휘할 수 있습니다.

Chapter 6
리더는 칭찬을 통해 발전을 이끌어낸다

피드백을 해야 하는 이유

'피드백은 잘 못 하겠다'고 생각하는 사람이 있을 거예요.
하지만 피드백은 무척 중요합니다.
왜 중요한지, 그리고 어떤 식으로 피드백을 하면 좋을지
함께 알아봅시다.

피드백은 무엇을 위해서 하는 걸까?

리더십은 성과를 내기 위해 다른 사람에게 영향을 주는 것이라고 한 말 기억해? 그러니까 피드백을 통해 '다른 사람이 어떻게 받아들이고 있는지' 아는 게 무척 중요해. 이것도 파트너와 함께 먼저 시작해 보는 게 좋겠지?

그 말이 맞는 거 같아요. 구성원 모두 자기가 맡은 학년을 잘 이끌고 있다는 걸 알게 돼서 좋았어요. 모두에 대해 더 잘 알게 된 것 같아요.

그건 그룹 차원에서도 가치가 있어. 모두에 대해 더 잘 알게 되면 역할 분담을 할 때 도움이 되거든. 하지만 '피드백은 잘 못 하겠다'고 생각하는 사람도 있을 수 있어.

무슨 말인지 알 것 같아요. 상대방이 고쳤으면 하는 점을 말하는 건 꺼려지거든요. 저는 파트너인 쓰바사와 피드백을 주고받으려고요.

좋은 생각이야. 피드백은 긍정적인 것부터 시작하는 게 좋아. 누군가를 질책하기 위해 하는 게 아니거든.

피드백 울렁증을 가진 사람?

'피드백을 해서 상대방을 기분 나쁘게 만드는 건 아닐까?', '내가 남에게 의견을 말할 수 있을 정도로 훌륭한 사람도 아니고…'와 같이 피드백 울렁증을 가진 사람도 있습니다.

피드백을 긍정적으로 생각하자

처음에는 칭찬을 하거나 긍정적인 피드백만 한다. 	자기가 의식하지 못했던 장점을 알게 되어 자신감을 갖게 된다.
피드백에 익숙해지면 '이렇게 하면 좀 더 좋아질 거야'라는 식으로 개선 방안을 제안한다. 	건설적인 피드백을 받으면 그것을 흔쾌히 받아들여 더 좋은 결과로 이어진다.

피드백을 잘하는 요령

피드백을 할 때 요령이 있어. 하나는 자신이 먼저 피드백을 받으려는 자세를 갖는 거야. 그래야 상대방이 편하게 말할 수 있고, 나도 상대방에게 편하게 말할 수 있거든. 사실 기다리기만 하면 상대방이 피드백을 하지 않을 수도 있어.

그렇구나. "오늘 회의 때 내 발언은 어땠어?"라고 물어보면 피드백을 받기 쉽겠네요. 게다가 "나는 어땠어?"라고 되묻기도 쉽고.

맞아. 그러니까 내가 먼저 계속해서 물어보는 게 좋아. 그리고 또 하나, S·B·I를 포함시키는 거야.

S·B·I? 그게 뭔데요?

'S=상황, B=행동, I=영향'을 뜻하는 영어의 약자야. 이 세 가지를 갖춰야 비로소 좋은 피드백이 가능해지거든. 예를 들어 'S=상황'이 없으면 그때의 발언이라고 특정할 수 없어서 상대방의 인격을 부정하는 것처럼 들릴 위험이 있거든. 그래서 이 중에 하나라도 빠지면 적절한 피드백을 할 수 없어.

그렇구나…. 당장 이번 회의 때 적용해 볼게요!

❶ 내가 먼저 피드백을 요구한다

먼저 상대방에게 "아까 내가 한 발언 어땠어?"라고 가볍게 물어보세요. 서로 느낀 점을 말하기 쉬워집니다. 계속해서 피드백을 이어나가기 위해 자신이 먼저 피드백을 받으려는 태도가 무엇보다 중요해요.

❷ S·B·I에 맞춰 피드백을 한다

S : Situation (상황)	B : Behavior (행동)	I : Impact (영향)
네가 어제 회의 때	○○○ 질문을 해서	논의가 더 활발해졌어.

S·B·I가 전부 포함된 피드백을 해 봅시다. S·B·I 항목이 들어간 피드백 표를 만들고, 이를 바탕으로 피드백하는 것을 추천합니다.

어른이 되어서도 도움이 된다 ③

직장이나 사회에서 피드백을 해야 할 상황은 아주 많습니다. 긍정적인 피드백부터 시작할 것, 자신이 먼저 피드백을 요구할 것, S·B·I를 포함할 것. 이 세 가지를 의식하고 피드백을 해보세요. 업무도 인간관계도 더 좋아질 거예요.

마틴 루서 킹 목사는 "자신의 소리를 내는 것을 멈춰서는 안 된다"라고 했어

문제점에 대해 소리 내지 않으면 안 된다는 말이야

모처럼 모두 의견을 냈잖아? 목표에 맞게 개선해야 할 점은 개선해야겠지?

네…오늘 방과 후에 다 함께 모여 개선책을 생각해보려고요

그러고 보니… 나도 예전 생각이 나서 너무 열을 냈군

반성해야겠어

그때의 나와 다르구나, 너는…

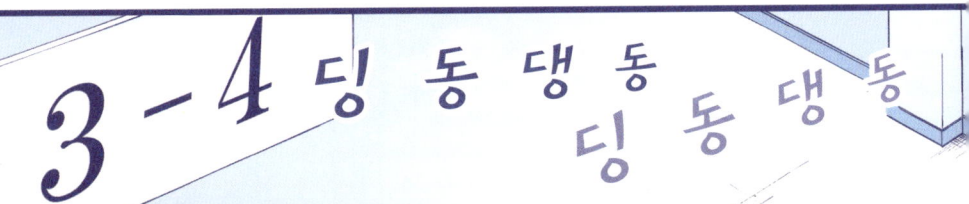

피드백을 토대로 개선책을 생각한다

구성원들이 각자 내놓은 피드백은 고민 끝에 나온 개선책이에요. 그대로 흘려들어선 안 되겠죠? 목표에 맞게 개선책을 구체화해봅시다.

개선 계획을 세운다

구성원들이 내놓은 개선책을 그대로 두면 의미가 없겠지? 더 좋은 그룹을 만들기 위해, 목표를 달성하기 위해 개선 계획을 세워야 해.

네, 모두 좋은 제안을 많이 해줬어요. 하지만 어떤 식으로 개선 계획을 세우는 게 좋을까요?

오른쪽 페이지에 있는 단계를 참고하면 돼. 그러면 분명 좋은 개선 계획을 세울 수 있을 거야.

아~ 피드백 받은 내용을 되짚어보고 검토하는 거구나. 좋았어! 해볼게요!

개선 계획이 정해지면 종이에 적어 다 함께 공유하는 게 좋아. 피드백을 받고 의견을 나누는 중간 과정까지 기록하면 더욱 좋고! 생각이 정리되기 때문이야.

피드백을 적으면서 생각을 정리한다

피드백으로 받은 개선점을 되짚어본다	피드백으로 받은 긍정적이거나 건설적인 개선책은 물론 부정적인 의견까지 모두 되짚어봅시다.
어떻게 개선해나갈지 검토한다	칭찬받은 부분을 더 적극적으로 활용해요. 부정적인 의견은 더 성장하기 위해 힘써야 할 부분이므로 어떻게 개선해나갈지 검토합니다.
구체적인 개선 계획에 집중한다	검토한 내용을 토대로 '다음에는 이렇게 행동하기' 등과 같이 구체적인 계획을 세웁니다. 종이에 써서 세심하게 되짚어보고 확인하는 것이 중요해요.
주위의 모든 사람과 공유한다	다 함께 공유하면 '실행해야 한다'라는 좋은 의미의 압박감을 받게 됩니다. 또 주위 사람들의 도움도 얻기 쉽지요.

목표 설정 ➡ 행동 ➡ 피드백 ➡ 개선 계획

이 단계를 밟는 것이 중요!

이걸로 백군이 우승할 수 있을 것 같아!

epilogue 에필로그: 새로운 목표와 새로운 리더들

합창 콩쿠르
목표 = 우승!!!

너희들이 열심히 한 거야

초판 1쇄 발행 2022년 7월 7일

글그림 · 기리타니 노바
옮긴이 · 오현숙
발행인 · 이종원
발행처 · (주)도서출판 길벗
출판사 등록일 · 1990년 12월 24일
주소 · 서울시 마포구 월드컵로 10길 56 (서교동)
대표 전화 · 02)332-0931 | 팩스 · 02)323-0586
홈페이지 · www.gilbut.co.kr | 이메일 · gilbut@gilbut.co.kr

기획 및 책임편집 · 황지영(jyhwang@gilbut.co.kr) | 제작 · 이준호, 손일순, 이진혁 | 영업마케팅 · 진창섭, 강요한
웹마케팅 · 조승모, 송예슬 | 영업관리 · 김명자, 심선숙, 정경화 | 독자지원 · 윤정아, 최희창

디자인 · ALL designgroup | 교정교열 · 장문정 | 인쇄 · 교보피앤비 | 제본 · 경문제책

- 잘못 만든 책은 구입한 서점에서 바꿔 드립니다.
- 이 책은 저작권법에 따라 보호받는 저작물이므로 무단전재와 무단복제를 금합니다.
  이 책의 전부 또는 일부를 이용하려면 반드시 사전에 저작권자와 출판사 이름의 서면 동의를 받아야 합니다.

ISBN 979-11-407-0034-9 74300
      979-11-407-0031-8 (세트)
(길벗 도서번호 050169)

독자의 1초를 아껴주는 정성 길벗출판사

길벗 | IT실용서, IT/일반 수험서, IT전문서, 경제실용서, 취미실용서, 자녀교육서
더퀘스트 | 인문교양서, 비즈니스서
길벗이지톡 | 어학단행본, 어학수험서
길벗스쿨 | 국어학습서, 수학학습서, 유아학습서, 어학학습서, 어린이교양서, 교과서

오늘부터 갓생 사는 법!

학교에서 가르쳐주지 않지만
잘살기 위해 꼭 알아야 할 것들

나나에 글그림 | 가와모토 유코 감수
오현숙 옮김

시간을 효율적으로 사용하는 7가지 방법

망했어! 곧 콩쿠르도 있는데 성적은 자꾸 떨어지고… 이러다 이도저도 안 되면 어떡해!

미나미도 학교와 학원에 다녀와서 숙제를 하고도 만화책을 실컷 볼 시간이 예전에는 있었다. 그런데 학년이 올라갈수록 해야 할 공부와 과제가 많아지고, 좋아하는 연예인이 생기면서부터는 눈코 뜰 새 없이 바빠졌다. 중요한 콩쿠르를 앞두고 수학 시험을 깜빡해서 망쳐버린 미나미에게 과외 선생님이 생겼는데, 왜 공부는 안 가르쳐주고 수첩부터 주는 걸까?

클라리넷 연습도 해야 하고, 학교 숙제만 해도 넘 벅찬데, 친구랑 게임도 해야 하고, 오늘만 무료인 웹툰을 보다 보면……

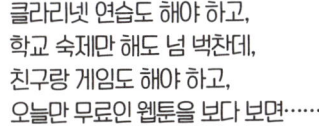

하는 일이 많구나.
그걸 언제 할지는 미나미가
스스로 정하고 있니?

오늘부터 부자가 될거야!

학교에서 가르쳐주지 않지만
잘살기 위해
꼭 알아야 할 것들

후루모토 유야 글그림 | 사카키바라 마사유키 감수
신현호 옮김

자본주의 사회에서
부자가 되는 7가지 방법

> 저런 스포츠카를 타는 사람들은
> 분명 금수저겠지?
> 그렇다면 난 이번 생에는 틀렸어.

겉보기엔 평범하지만 실은 돈 문제로 가끔 언성을 높이는 부모님과 함께 사는 마사유키는 돈 고민 없이 최신 스마트폰을 척척 사는 친구들을 보면 자꾸 자신이 초라하게 느껴진다. 그러던 어느 날 학교에 수상한 교생 선생님 카네기가 등장한다. 카네기 선생님의 말은 자꾸 마사유키의 정곡을 찌르는데…….

> 너, 부자가 되고 싶니?

> 스스로 저금을 하고 있다니
> 기특하긴 한데…
> 그걸로 부자는 못 되거든?

> 그렇다면, 이제
> 돈을 불리는 방법을 알려줄까?